항가새

김영애 시집

도서출판 경남

시인의 말

비 그친 산으로 나가보니 풀빛은 더 건강하고 향이 짙다. 그저 평이하였더라면 이렇게 진한 향기를 가지지 못하였을지도 모른다. 내게도 이런 비와 바람이 나름의 향기를 주었고 시를 낳게 한 자양분이 된 것처럼, 내 시가 누군가에게 다가가서, 혹은 향기로, 혹은 위안으로 스며들었으면 좋겠다.

중학교 때 일기를 보신 국어선생님으로부터 시를 배운 적이 있었으나, 시와 관계없는 일상을 살아오면서 늘 알 수 없는 신양에 시달려 왔었다.

그러다가 시를 본격적으로 배우고, 쓰면서 신열도 가라앉고 새로운 지평을 만났다.

지금은 삶 자체도 시와 닿아 있는 것 같다. 이제 내가 나인 것 같다.

이제 나의 시는 내 품을 떠나 독자 여러분께로 간다. 짧은 시가 대부분이라 독자의 해석의 여지가 더 많을 것이므로, 여러분의 새로운 해석과 사랑으로 시의 완성을 소망합니다.

2013년 가을

김영애

차례

제2부

제3부

제1부

시 집

내 어머니
몸무게 사십삼 킬로그램
키는 곱자로 백사십 센티미터
내 나이에 서른일곱을 더한 나이

우리 집에 오셨다
서로 모시려고 공력을 들인 우리 칠 남매
나이 들면 자연 아픈 거라며 병원을 마다하시더니.

나는 단번에 모시고 왔다

단번에 모시고 온 건
시집 덕분이었을 것이다
시집 보여준다고 했는데
시집으로 알고 얼른 따라나선 것이다

밥 안하려면 시 읽어줘요
엄마가 한 줄 하면, 내가 하고
옆에서는 된장국이 끓고…

생 일

생선을 먹는다
껍질을 벗기고
입 안 가득 따뜻하고 부드러운 속살

이제
내장과 잔가시 빼고
남은 반,

더운 기운도 없어지고
펄떡이던 바다는
한 뼘 남짓 접시에 누워 있다

이제
고집과 편견만 버리면 될
남은 반.

그 사람

떨림이다
울림이다
손가락 하나 까닥할 수 없는
두려움이다
날마다 물 주던 내 장미
타 죽어도 모르는
맹목이다

프리즘

너는 좋겠다
평생 집 한 채 못 가진 사람 많은데
큰 집 한 채 이고 다니는 너는,

너는 힘들겠다.
나는 눈썹도 빼놓고 살고 싶은데
무거운 짐 한 짐 지고 다니는 너는

너를 거치고서야 비로소
세상을 볼 수 있는, 들을 수 있는
달팽이관, 너는

깐치밭골

깐치밭골은
내 나고 자란 마을

뒤로는 소나무 대나무
앞에는 통통배 소리
하늘, 땅, 바다 통행증 없이 다니는
성장盛粧 한 공손한 멋쟁이,
까치가 사는 마을

여름이면
바다로 달려가 미역 감다가
꿀찜해* 질라치면
발막 옆 거적때기에 말리는 멸치들
사람보다 먼저 눈에 들어온다.

배고플 때 멸치는 사람보다 크다
주인이 나타나면
약속처럼 흩어져 빨갛게 달리던 아이들

어느 날 발견한 대단한 비밀
그리도 중히 여기던 은멸치
여기도 저기도
그것이 까치밥이었다니

오늘 아침
어머니 보내신 멸치를 먹는다.

*꿀찜하다 : 허기지다, 배고프다의 경남 남해 방언.

동 백

시퍼런 눈물로 뚝뚝
꽃잎 지더니

잎 진 자리
몽우리 얹어 놓고

다시 봉그는 날
꿈꾸시는

새끼손가락

내 애끼 손가락은 굽었다
쭉 펴지지 않고 가운데가 삼각산이다.

숨고 싶었고 숨기고 싶었던
율동시간, 앞으로 나란히

날마다 운동을 하면 될까
열심히 공부하면 될까
착한 일하면 좋아질까

손가락이 아프도록 한 운동도
장학생이 되어도
손가락은 끄덕도 않고…

그렇게 굴절된 시간이 흐르고
이제 그곳에 열쇠가 걸려 있다

바람이 들은 말

해산 후의 편안함으로
누렇게 누워 있는 들녘

네가 만삭이었을 때
참새 한 마리 날아와
나누던 대화

오뉴월 뙤약볕 지친 더위에
잠깐 보았던 너를
여지껏 기다려

더 내어주고 싶었다고
다 내어주고 싶었다고

그래도 배불리 잘 먹었노라고
내년에는
모자 쓰고 치마 입은 건 허수아비니
하나도 무서워 말라고

건들마

하품 같은 장마가 끝나고
불어오는 바람

가을인가 싶었더니
태풍이 지나갔다는
오늘 아침 뉴스

아직도 매미 울음 왕성한데
그 매미 허물 벗기 전
옷가지며 이불을 말려야겠다.

어머니의 대문

빗줄기는
다리를 만들고
파이프 오르간을 연주한다.

비 오는 밤의 창선 연륙교
대문 열어젖히고
방마다 불 밝혀 기다리시는

칠흑 속을 달린다
어린 날 기억 속으로 달린다
까마득히

유달리 고집이 세었던 새치미
창선 다리 밑에서 주워왔다고
놀려대던 오빠
헤엄도 못 치면서
바다에 뛰어들었던 무모함

내 유년의 언덕을 지나
어느덧
나를 반기는

시 는

감기
하룻밤 사이 너무 심하더니
다음 날에는 폐렴으로 가려는 놈을
붙잡아 두었다
더는 가서는 안 된다고

첫새벽, 코가 막히고 가래가 캑캑 나온다.
바늘만 한 숨구멍을 조심조심 열어가며 겨우
숨 한 번을 쉬고, 그러다가 또
기침을 만나다가

시원한 콧물이 나와
손으로 슬쩍 훔쳤더니
아, 열꽃!

시티촬영

오랜 소화불량
시티를 촬영해 보자고 한다

촬영실에 적혀 있는 행동지침
경구 조영제를 섞은 음료수나
물을 마십니다.
시티실에 누워서 검사를 받습니다.

그동안 너무 급하게 많이도 먹었어
그래야만 살아 낼 수 있는 것처럼

바람을 타고 온 전설도 찍어낼 수 있을까
곱사등 아이가

너무도 착하게 살았기에
그 곱사등에서 예쁜 날개 솟아나
어디든 훨훨 날아다녔다는
아름다운 자유

봄 은

열병이다
빨갛게 딱지 얹고야 마는

너를 열병하느라
온 세상이 토끼 눈이다

견우직녀

그 여름 끼워주던 꽃반지로
빛났던 손가락

별강을 건너오는 칠월칠일
반월 아래 반만큼씩 와야
만날 수 있는,

또다시 일년을 기다리며
비바람 피할 곳
내 어깨 깃에 기대는 너는

그녀가 바다를 떠나지 못하는 이유

그의 집 앞에는 파도가 보였다
그와 그녀는 손가락을 걸었다
내 살아서는 안된다던 부모님은
끝내 돌아오지 않았고,

그렇게 흘러간
이십 대, 삼십 대, 사십 대
남의 집 가장이 된 그와
파도 소리 없는 곳으로 떠나버린 그녀

그 파도는 지구를 벌써 몇 바퀴도
더 돌아
다시 왔을는지도 모른다
그녀의 바다는 가을이 와도 푸르기만 하고

11월의 산

사랑하기 좋은

나뭇잎 다 떨어뜨리고
온전히 모양 드러낸

지나온
뒤척이던 봄밤
폭풍우 소낙비
바닷물도 다 말려버릴 작열

철철이 입던
성장 다 벗고
나신으로 선

겸손한
사랑하기 가장 좋은

박

— 자화상

태양의 구애가 부담스러워
달빛 속에 피어나는
박꽃 아가씨.

다른 꽃들이 태양을 태양을 따라갈 때
달 그늘 아래서
안으로 안으로 삭이던 그 이야기

벌 나비 부르지 않는 밤(夜)꽃
각시나방 찾아드니
성혜成蹊*

터질 듯 부풀어 더는 못 참아
끝내는 터져버리고
탐스런 얼굴 하나 낳으니

* 성혜成蹊 : 도리불언 하자성혜.

자 국

—해인사 소릿길에서

나이 들면서 좋아지는 게 있다면
내게는 소나무가 그렇다.
하늘로 쭉 뻗쳐오르는

날마다 말을 걸고
향을 맡고, 만져보고
뒤늦게 사랑에 빠졌다.

굵은 부분에 브이자로 톱질된
자국이 보였다.
일제 강점기 비행기 연료로 사용하기 위해 채취한,

어떤 이들은 사랑의 증표로 아는지
기념촬영을 하고
어떤 이들은 그 앞에서
새끼손가락을 걸기도 한다

몸에 붙은 송진이 나를
놓아주지 않는다.
그의 뒷모습이 소나무를 닮았다

새 집

억새풀에 매달린 빈집
한참을 보아도 새는 보이지 않는다.

집으로 가져왔다
주먹 하나도 들어가지 못할 고것
어떤 새가 껍질 깨고 나갔나
나는 법이라고 배웠나
오늘은 어느 하늘을 날고 있나

어머니
이제 내가 없어 빈 둥지라며
허허벌판 빈집 하나 지키고

날갯짓에 고단해지는 오늘은
조막만 한 새집에 날개 드리우고 싶다

소나무 낙엽

일부는 푸른 채로, 갈색으로 물드는
소나무가 좋다

만산홍엽 가을 산에서
저홀로 푸르기보다는

사철 저 홀로 푸르겠다고
낙엽지지 않는다면
송홧가루 날리는 새순은 어찌나며
눈 쌓여 무거운 가지는 어찌 지킬까

오늘 따라 흰머리가
가을바람에 빛난다

안 개

연애다

순치할 수 없는 분방함이다

저물녘 너를 기다리면
노을이 희롱하며 다가서고

나는 뜬눈으로,
휘어진 밤을 붙잡고

너울거리고 오는 너를 껴안으며
열애 중이다

또 다른 나

전생이 물고기였나 보다
몸에 유난히 비늘이 많은 걸 보면

하나 둘 비늘을 털어낸다
끝없이 털어내도 다시 돋아나는
이제 내 일부가 되어버린
떨쳐 낼 수 없는 너는,

이제는 버리지도 못하겠다
내 몸에 찰싹 달라붙어 있는
나 같은 너는

어머니의 화장품

지난 일요일
바닷바람에 손이 잘 트는 어머니
로션을 사서 고향 집에 갔다.

튜브 뚜껑을 열고 적정량을 짜서
손등과 손바닥에 고루 펴 바르고는
이렇게 바르면 된다고 가르쳐 드리고

한 달 후
하나 더 사서
어머니에게 가서

얼마나 남아 있나 보니 그대로였다
살짝 치매기 있는 엄마가 혹시
잊어버리지는 않았는지 조심스레 물으니

이제 하나 더 있으니 마음껏 바르겠단다
얼마나 썼는지 보이지도 않고
언제 닳을지도 몰라
쓸 수 없었노라고

엄마도

참,

여분 없이 구십 평생도 살아 놓고선

낙엽을 태우며

— 배냇니를 추억하며

낙엽을 줍는다.
움트던 날의 기대와
한여름 뙤약볕
그을린 가지에 문신으로 새겨두고

촘촘하던 잇바디
지붕 위로 던져진다
돋을 날 바라며
낙엽을 태운다.

제2부

여우비

수구首邱*란다

조상을 기리는 사람은
제사상 앞에서,

고향을 찾는 사람은
부모님 앞에서,

사랑을 모르는 나는
너에게

수구린다

*수구 : 수구초심首邱初心.

칼 날

밥 먹다가 이를 부러뜨렸다
그나마 불편한 의치였는데
그예 부러졌다.

부러진 이가 혀를 벤다.

생각해 본다
하루아침에 칼날 되는 게
이뿐일까
조각난 의치가 잇몸을 파고든다.

올 것은 언젠가는 온다.

어린 시절,
빨간 내복과 머리카락에 붙어
살을 파고들던 지긋지긋한
이* 같던 그 사랑도 이제는.

*이 : 곤충류, 이목(吸蝨目)의 총칭.

비 오는 날 시골버스

유리창 흐린 버스가 지나간다.
유년의 기억이 휙휙 지나간다
손님이라곤
돋보기 걸친 할머니와
외국인 닮은 손자가 전부

먼지 나는 시골 길
비가 오고
길에 물이라도 고일라치면
도로는 맛있는 고구마죽
흙과 돌이 알맞게 범벅된

가을이면, 썰어 말린 고구마
일부는 소주공장에 팔고
나머지는
물을 부어 흥건하게 삶아
밥을 대신하던

삼십 수년 전
우리네 오빠들이 월남을 지키러 갔던
그 인연으로 왔을까
그 미는

엄마와는 스무 살
아빠와는 마흔 살 나이 차
저 꼬마손님
이제 이들이 시골을 지키고

엄마의 빽*

가을걷이가 끝나면 동네 사람들 우리 마당에 우케 널려고 줄을 선다.

어제는 순선네집에서, 그제는 민자네집에서 가져왔다

마당에 널어놓으면 엄마는 새도 쫓고 벗은 발로 골도 내준다.

오후가 되면 사람들은 고양이똥, 새똥을 치우고 나서야 우케를 담아간다.

넓은 마당에서 잘 말리면서 새나 고양이 좀 논다 한들 무슨 상관이냐지만

엄마는 늘 미안해했다.

오늘은 소작으로 받은 우리 것을 말리는 날

잘 말려서 찧은 쌀을 맛있게 먹을

막내딸을 생각하는 손길은 바빠진다.

그런데 이상한 일이 있어났다

고양이가 우케 덕석에 떡하니 버티고서

다른 고양이와 새를 보고 있는 게 아닌가,

그러는 어머니와 고양이는 어떤 사이일까

어머니의 이야기는 계속된다.

어느 날 배부르고 뼈만 남은 고양이가 울고 있어 밥을 주었더니

나중에는 새끼들을 데리고 매일같이 집으로 와서는 가르렁거리더니

숯검댕이 몸을 비비고 엄마 팔에 안기더라는,

그런 주인집 것을 말리는 날이란 걸 어떻게 알고서

새도 고양이도 얼씬거리지도 못하게 보초를 섰을까

우리 집에 오시면 하룻밤 이상을 묵지 않으시던 어머니는

이쁜 사람은 이쁜 것만 먹어야 한다며

멸치머리와 내장을 다 떼서 따로두었다가 건망증이 심하여

이곳저곳에서 생선 가시며 멸치가 나오곤 하였다

고향 집에 갈 때면 엄마 반찬은 물론 잊고 간 멸치내장도 가져가는 일이 늘어가고

생각해 보면, 어릴 적 우리 집 마당보다도 좁은 세상

옛날에 내가 앉았던 그 무릎을 차지하고 있는 숯검댕이 고양이

이번 일요일 집에 가면 목욕이라도 시켜야겠다.

*빽 : 백back, 뒷줄.

아직도 숙제

지금도 가장 부러운 것 중 하나가 자전거 타고 씽씽 달리는 사람들이다

긴 머리를 묶어 모자 구멍에 넣고 팔랑거리며 달리는 여자들

가로수 아래로 새와 바람을 깨우고 온 세상을 흔들며 달리는 사람들

그것이 무엇이든 하고 싶은 걸 하지 못하면 병이 났던 이십 대.
작은 손바닥 플라타너스가 녹색으로 익어갈 때
동네 아이들과 자전거 배우러 운동장에 갔다
겁이 많아 한 명은 내 몸을 잡고 다른 한 명은 자전거를 잡고도
수십 번을 넘어지고 자빠지고…

그러다가 자전거 배우기를 그만두었다
그 이유는 정말로 우습거나 거창했다
예쁜 다리 다치면 미니스커트도 못 입을 거 아니야?
가만 있으면 넘어지는 어려운 자전거보다는
네 발로 든든히 버티고 있는 자동차를 운전할 거야

자동차를 운전하는 건 식은 죽 먹기나 다름없었다.
언제 한 번 해 본 적 있냐는 교관의 말에 힘입어

한 시간도 안 되어 운동장을 돌 수 있었다
가만 있어도 넘어지지 않고 중심 잡는 일 따위는 필요도 없었다.

그로부터 삼십 년이 지난 지금,
자전거 타기의 기본은 균형 잡기와 앞으로 나아가기라는 걸 비로소 알았다
기우는 쪽으로 가려 하면 그곳은 위험할텐데
그쪽은 선택해야 오히려 균형을 잡을 수 있다는 것을

오늘도 여전히 좁은 골목길
내려서 앞뒤 확인하고, 긁히고 상처 나면서 힘겹게 빠져 나간다
그 골목을 한 아이가 페달을 밟고 지나간다.

장맛비

끝없이 내리는
본능
게으름뱅이 태양이 대접받는
여기는 장마국, 나는 여왕
실개천
호수
대양
꿈꾸며 추락하는,

책 속에 파리가 있다

오늘 읽던 책에서 발견한 특이한 책갈피
머리며 날개며 다리까지 그대로 펴서 다려 놓은 듯

작은 꿀벌인가
다음 장을 넘기니 또 있다
도서관 은인隱印인가
자세히 보니 파리다
시 읽으러 시집 안에 들어갔던 걸까
시 쓰려고 들어갔을까
쉬 슬려고 들어갔을까

도서관을 나오면서 이런 글과 마주한다
책 속에 길이 있다

그 봄 참 더디 왔다

나뭇가지에 숨은
새빨간 발진

갈비뼈만 없다면

너는 흙에서 왔다
나도 흙으로 갈게다
그 토성에 갇혀 있는 너,

누구도
무엇으로도 열지 못했던
수백 년 굳어진 성문

오늘 밤
내 더운 눈물로
그 견고한 성을 헐어버리고

갈비뼈를 지나 심장에 닿고 싶다
안으로 들어가고 싶다
몸서리치도록 안아보고 싶다.

무 죄

너는 내 시계다
아침부터 저녁까지
너의 눈금에 내 계획을 맞추고
촘촘히 박힌 너의 속눈썹 사이로
바다를 닮은 너의 눈동자 너머로

천날 만날 갈 것 같던 그 시계

오늘, 멈추어 섰다
그렇게 감금된 채 시간은 흐르고
도무지 움직일 것 같지 않던 그 시계
이제 거꾸로 돌아가기 시작한다.

첫사랑

소년은 호박꽃에 반딧불을 넣어 내 손에 쥐어주었다
호박꽃을 열어 본 순간
별이 일제히 쏟아져 내리고
그 빈 하늘로 개똥벌레 날아올랐다

이제 여름이 와도 볼 수 없는

동백꽃

꽃멀미 하것다.

연두저고리 치마 속
세상을 치마폭에 싸

바다에 버린 초조,

비행기 탄 고래

내가 좋아하는 샤넬 No.5 향수
상처 난 고래의 장에서 생긴
용연향으로 만들었다는,

수만 피트 아래 또 아래
바다로 돌아가고 싶어 하는가
대서양 어느 상공에서 만난 너는

나 비

이제 너는
나오지 않아도 돼

그림자 따라가 보면
아지랑이로 사라지고

포기하고 돌아서면
날갯짓하는

마음대로 숨던 너
마음대로 나오던 너

이제는 나를 잡아봐

꽃 씨

치매를 앓던 그 할아버지
집에 간다며 나가 쌓더니
그예 돌아오지 않았다
나비 잡는다고 허공을 가르던 손
보일 듯도 하건만

동네 사람들로 가득한 산과 들
그 며느리 사흘을 넘게 찾다가 눈이 짓물렀고
내일은 군인과 경찰도 온단다

할아버지가 찾아 나선 건 무얼까
침해받은 기억
세상을 떠 오고 싶었던 무모함

할아버지 앉았던 밑둥치에
꽃이 피어나고 있었다
어디서 왔을까
나비 한 마리 날고.

바람 즐기기

잔디에 누워 바람소리 들어보라
나무들이 연주하는 교향악을 들으라
나무는 제 크기만큼, 빛깔만큼의
흔들림과 소리를 내고 있다

배경이 되어보라
공원을 걷는 사람들, 바람에 흔들리는 나무
누구나 주인공이 되고 싶어 하지만

중심에서 벗어나 보라
풀밭에 누워보면 내가 풀이 된다
풀이 되는 법을 알게 된다

잠깐 멈추고 누워보라
어떻게 흔들리는지 알게 될 것이다
바람과 더불어 놀 수 있을 것이다

구름을 빨아서

하늘에 먹구름
회가 끼어 있다. 하늘이 아프다

힘찬 바람 되어 파란하늘 주겠다던 그 사람들
지금은 어디로 갔을까?
하늘이 되겠노라, 먹구름 걷어내겠노라던
그 사람들 지금 저 구름 속 티끌 되었을까
상처 나면 빨아내던 어머니처럼
저 하늘 빨아 구름 걷힐 수 있다면

달릴 땐 안 보이더니
누워 하늘을 바라보니 이제 알겠다

다오리가든

다오리가든이라고 오리고기만 파는 식당이라고 생각하지 마

별을 삼킨 새우

달도 없는 오늘 같은 밤에는 카리브 해안으로 가자 우리는,
거기 꿈꾸는 녹틸루카 신틸라스*를 만나자
바다에 빠진 은하수를 건져 올리자

빛나는 은하수를 먹는 저 게걸스러운 새우 좀 보게나!
먹은 뒤에도 사라지지 않는 그 빛을 따라 오징어가 덮치고
갑옷과 투구로도 숨길 수 없었던
그 불빛이 탈이야

그를 삼켰기에 내 몸은 시방 온통 불덩어리다
화려한 껍질과 달콤한 혀로 날름거리던
저 뱀과 무엇이 다를까
어이할거나 어이할거나
이 잔인한 황홀경을,

*녹틸루카 신틸라스 : 카리브 해안에 수억 마리씩 무리지어 다니는 단세포 생물 "반짝이는 밤의 빛"이란 뜻의 라틴어 학명임.

탑

천년을 묶어 둔
박제를 벗고 날아오르다

탑신에 앉은 구름 너머
긴 그리매 따라오고

켜켜이 쌓은 바람 하늘에 닿아
우화서雨華瑞 쏟아져
탑 하나 나란히 서고

멸 치

불빛을 좋아하더니 불빛 따라 다니더니 딱 걸렸네
작은 몸에 있는 힘 다해서 도망치네
날고뛰어도 그물 안,

안 되겠다 어떻게든 나가보자 몸부림에
은빛 치장 다 벗겨지고
볼품없는 등에 소금만 내리치네

시작도 못한 나의 사랑
이렇게 가고 마는가?
어느 님의 술상에서 풀어 놓을,

불꽃놀이

인하여
축제는 시작되고

분출되는
용암, 그리고 화산재

남은 재 뒤적거려
팽팽한 불씨 찾아

비로소 시작되는

밤은 깊어가고
이제 곧 해가 떠오를텐데

제3부

모래, 혹은 바위

사막을 달리는 사람에게 가장 힘든 게 뭘까
뜨거운 모래바람, 배고픔, 목마름, 무서움

분명 아주 거창할 거야
우리 힘으로 통제하기 어려운 아주 대단할 거야

모래, 모래알이었다.
신발에 들어간 모래가 가장 힘겨운 존재였단다

스며들 듯 들어와서는 발가락 사이에 박혀
옴짝딸싹 못하는 가시 같은 존재

열려라 참깨

하얀 종鍾꽃이 피면
어머니는 참깨 밭에 매일 출근했다
설인가 추석인가 어느 날
방앗간에서 흰 절편을 찾아오던 길
떡 안 주면 집에 안 가겠다고 떼를 쓰던 기억
지금, 그 참기름 향이 진동한다.

참깨를 털고 난 깻단으로 소죽을 끓이고 차례에 쓸 생선을 굽는데
참기름보다 더 맛있는 냄새를 견딜 수 없어
끝내 생선 한 토막을 먹어 버린 일
못대*가 좀 빈 것 같다고 하던 엄마는
고양이가 물어갔는갑다며 더 이상 찾지 않았고

윤기 가득했던 그 볼에 빗살무늬 주름 가득하지만
어제 고친 틀니로 떡살무늬 절편 드시려나
언제나 못 갈 이유가 더 많았던 고향 길
올 추석엔 깻단으로 생선을 구워 엄마 입에 넣어드리며
수십 년도 더 된 고백을 해야지
그때 없어졌던 생선 내가 먹었노라고

*못대 : 석쇠의 경상도 방언.

꽃잎을 치우며

꽃잎이 지고 있다
조용히 쌓여간다
이야기만 남는다

진잎을 치우고 있다
어느 땐가는 옆에 두고
쳐다보기도 아까웠을

꽃잎을 줍고 있다
흰 머리 한 가닥 떨어진다
빨간 꽃잎을 베고 있다

목련존자

목련이 이렇게 힘들게 피는 줄 몰랐다
목련꽃 정원을 가지기 전까지는
시월부터 다음 해 사월까지

까까머리 동자승으로 된서리 맞으며
기다린 보람으로 피어나

봄 한때
단내 나는 그 속살 더듬던 벌 나비 어디 가고
이제, 꽃도 지고 잎도 지다

그 넓은 이파리 이불 삼아 내년에는
이도에게 돌 맞아죽은, 죽어서 산
목련존자로 태어나라

겨울나무로부터 배운다

버리고 버리고
마지막 한 잎마저 버린
겨울나무는 말한다.

우리는 그동안
얼마나 많은 것을 채우려만 했던가,

흰 눈 푹푹 내리는 오늘 같은 날

한때, 화려했던 꽃과 무성하던 이파리 다 보내고
저 홀로 담담히 겨울을 맞는
벗음으로써 가장 아름다운 것을 입는
나목으로부터 배운다.

채우기만 하고 버리지 못했다면
저 많은 눈에 허리들 휘지 않았을까
가지가 꺾이다 못해 뿌리째 뽑히기도 했을테지
나도 올겨울 발가벗은 나무가 되고 싶다

눈 덮인 나무는 엄마 닮았다

슬하에 꽃 같던 자식들 다 떠나보내고

머리마저 하얗게 비워버린

아무것도 담지 않은

세상을 다 담은

가을 다라국*

밤나무에 밤이 팡팡 터지고
도토리 연이어 땅에 내리고
두 손에 도토리 쥐고 있던 다람쥐, 인기척에 달아나고
나뭇가지 하릴없이 한들거리는
가을 어느 날
소나무 낙엽에 앉아 시를 읽는다
네가 곧 나다*
다라국의 가을은 익어가고

* 다라국 : 4~6세기 합천군 쌍책면에 존재했던 가야 왕국으로 추정.
*《네가 곧 나다》: 표성흠 시집.

하부사리리명토기*

갑자기 가신 님을 따라가지 못하여
참회하는 마음으로 밤새 빚은
이 도자기, 나 대신 보라고 이름 새겼소
나는 하부에 사는 사리리

바위가 깨져 돌이 되고
돌이 닳아 흙이 되도록
억겁을 기다려 만났건만
이렇게 가버리니

일어나 만져보소
따라가고픈 마음이 급하여
목도 짧고 투박하나
내 이름 새겼으니

차라리 잘되었소
이 그릇 깨지기 전으로
나도 곧 흙으로 돌아가리니
그때까지만 기다리오
다시 만나 살리니

*하부사리리명토기 : 합천군 봉산면에서 출토된 토기로서 하부사리리라는 명문銘文이 있음.

진주를 담은 그녀의 눈

타히티 섬으로 가고 싶다
너의 눈을 보면

강렬한 태양
검푸른 바다
고갱이 사랑한
원시의 그곳에서 볼
너의 눈을 발견한다.

상처 난 네 몸에
덧붙여 뿌려지는 소금
잔인하게 쏟아져 내리는 태양

이제 한쪽 눈의 감각은 없으나
한쪽 눈을 온전히 볼 수 있어
감사하다고 겸손하게 말하는

너의 눈에서
흑진주가 쏟아지고 있었다
남태평양이 키운.

항가새

언 땅 녹여가며
삘긋삘긋 고개 내민
암노루 뿔

호수 만지며 퍼지는 햇살
흔들어 깨우는 바람
더는 못 참아

경칩도,
삼월도
질러

산길은 너무 멀어
언덕에 피어버린
항가새꽃

인사 발령

산 너머 너머 그곳으로
발령 나던 날
그 숱한 위로의 말 술

아래로 보다
위로가 좋아
쉬운 길보다 등산길을 좋아하는 건
앞서가서 손잡아주던 그 사람이 붙여준 습관이다

기말고사 치르고서
구십육 점이면서 팔십오 점이라 말하고
부모님 칭찬으로 끝이 나는
성적표가 나올 때까지의 벅찼던
혼자서 누리던 십 점이나 넘는 점수의 비밀

이십 년 전
인사이동 없는 부임지라 믿었던
그 사람 빛나던 언어, 눈동자

지금은

물속에 잠긴

봉황의 전설 내 부임지

맨날 그 꽃이 그 꽃일까

담장에 핀 장미
유효기간
삼사 일

통조림 표시는
좌측 상단

운명이던 그 사람
유효기간은
빛나던 두 눈빛

송홧가루

지금 산에는 민방위 훈련 중이다
사월에 부는 황색바람이다

여학교 때
하얗게 다려입은 교복 칼라에 묻을세라
기피했었던

사람도 집도 마구 헤집고 다니는 막무가내

사월, 온 천지는
황색점령군의 세상이다

낙 엽

비둘기로 날아오르다
추락하겠지

나뭇가지에 앉았던 새들 다 두고
떨어져 썩으려니

지나가는 바람에
잠깐이라도 날아보는

새

천둥으로 다가와서
솜털로 날아간,

내 삶의 지축을 흔들고
날아가 버린

너의 하늘은
박제된 내 마음 머무는 곳

그 위로 세월은 흐른다
너를 비껴가지도 못하고,

내 유조留鳥인 너는
어떤 노래로 다시 날까,

잘못 부른 이름

세 아이가 첨벙거리며
놀이에 빠져 있다

그 곁에 다가가서
너희들 개구리 같구나!

그 말 들은 아이들
개굴개굴개굴개굴

아차,
호수에 떠 있는 백조라고 했더라면

백목련

세수도 않은 채
칠보단장도 않은 채
이파리도 미처 못 단 채

무에 그리 바빠서
무에 그리도 보고파서
이리도 급하게 와 버렸나

벌도 모른다
나비도 아직 모른다
성급한 마음에 우선 피어버린

첫 손님 목련

너의 속살에서는
아기 단내음이 난다

나를 찾아온 청개구리 한 마리

부여왕의 전설로
내게 온
너

끝없이 들려주는
금빛 울음
은빛 노래

언제면 읽어낼까
금빛 전설
너의 암호

어찌할까

연못에 떠가는 꽃잎 하나
내 마음에 퍼져가는
은빛 동그라미

부지런히 전설을 쫓아
다니는
너

어디로 갔을까 내 청개구리

가을 어느 날
화분에 숨어들어
내게 온 너는
초대받지 않은 뜻밖의 손님

신기한 노래로
날마다 바꿔 입은 옷으로

꽃으로 나무로 다니며
내 무대를 제 무대 삼아
마음대로 다니는 뽄쟁이

너가 잘 숨는 화초는 산세베리아
너가 좋아하는 음악은 나비부인

너는 내 귀가시간을 결정했고
내 눈의 방향을 결정했지

어느 무더운 날
며칠 동안 휴가 다녀온 후
더는 보이지 않았어.

풀로 꽃으로 온 사방을 찾았건만
어디선가 네 울음소리는 들리건만

이제 나타나기만 해봐라
발에 실을 묶어 놔 주나 봐라

오디, 또는 오디푸스

뜨거운 태양 먹고 자란
보리가 익어가는 들판

희미한 아버지를 찾아 나선다

보리타작하는 날
내 임무는 아버지가 쌓는 보리벼늘을 밟아 다지는 일
보리 낟알이 쌓일수록 벼늘은 높이 올라갔고
그럴수록 뽕나무 키는 작아지고

검게 탄 손 가득 따 주시던
검은 열매

언제까지나 아버지만 따라다닐 것 같던 태양은
오래된 낟가리 같은 곳으로 떠난 아버지를
끝내 잊어버렸고

오늘, 태양이 잃어버린 아버지를 찾는다
어린 날의 그 상실桑實을 먹는다

돌멩이 나이테 셈하기

어제는 암석이었다

너를 만든 건
억겁의 풍화작용
닳고 깎인 세월의 모서리

누군가의 돌팔매였다가
발밑에 궁글던 하찮음이었다가

이제는 증표가 된,

역 사

지금은 돌담이나

조상 대대로 거대한 바위로 수천 년을 살아왔어

그런 어느 날 바람이 찾아왔어 아니 수천 년 동안 찾아왔으련만 기다리게 하기는 처음이야 마음대로 와서 등허리 간질여 부끄럼 태워놓고 휙 가버리는 바람을 붙들고 싶었어 그 바람 타고 다니기에는 내 몸이 너무 컸어 큰 덩치에 어울리지 않게 날마다 바람을 기다렸고 날마다 바람은 왔건만 겉돌고 갈 뿐 나의 일과는 어떻게 하면 저 바람을 타고날 수 있을지를 생각하는 일 처음엔 독수리를 갈아서 또 몇 년을 버틸 수 있도록 부리작업을 허락해 주었으나 별로 작아지지 않았어 그래서 침강으로 파도에 씻어 때깔도 곱고 몸도 알맞게 되었어 바람과 나의 역사는 새로운 국면을 맞았지

■ 김영애 시집 해설

돌아감으로서의 시

표 성 흠
(시인, 소설가)

■ 김영애 시집 해설

돌아감으로서의 시

표 성 흠
(시인, 소설가)

1.

시는 가슴의 밑바닥에서 발화된 기억을 문자화하는 작업이다. 시인이 뭘 보고 듣고 느끼고 저장해두었느냐가 시를 결정짓는다.

시를 순수한 상상의 소산이라 생각하겠지만 그렇지 않다. 상상 자체가 뭘 경험했느냐에 따라 달라지기 때문이다. 아무리 순수한 상상의 소산이라 할지라도 그 밑바닥에는 체험의 앙금이 갈앉아 있다. 심지어 이 앙금 속에는 조상들의 경험세계까지 내포한다고 보는 견해도 있다. 때문에 '글은 곧 그 사람' 이라고 할 때의 그 사람은 나라나 민족 혹은 역사나 집안 조상까지를 에두

르게 되는 것이다.

최초의 기억은 가정에서 출발한다. 가정은 세상에서 가장 작은 단위의 체제로 시인의 의식구조를 지배하게 된다. 의식하건 못 하건 간에 시인의 가슴 저 깊은 속에는 마그마처럼 끓고 있는 기억의 저장고가 있다.

어느 한순간 이 기억의 문이 열릴 때 시가 탄생한다.

그 발화시점을 착상이라 한다. 사랑에 의해 사정된 수만 마리 수정란들이 자궁벽에 접착하여 모체의 영양을 흡수해 하나의 생명체가 잉태되는 것에 비유함이다.

이 생명체들은 때론 죽고 때론 산다. 시집에 오르면 살고 아니면 죽는다. 시집에 등재됐다고 해서 다 사는 것도 아니다. 독자를 만나 교감이 이루어질 때 비로소 참 생명을 얻게 되기 때문이다.

결국 시는 기억의 소산이고 독자와의 교감에 의해 완성된다.

시 작품이란 상호작용이다.

시인이 아무리 훌륭한 시를 썼다 할지라도 읽는 독자가 공감하지 못하면 그 시인과 그 독자 사이엔 교감이 이루어지지 못하고 그 독자에게 그 시는 생명을 상실한다. 때문에 시의 절대적 가치란 없는 것이다.

시의 절대적 가치창출을 위해 시인은 밤잠을 설친다. 보다 많은 독자의 호응을 얻기 위해, 시의 절대적 가치를 드높이기 위해 시인은 밤을 새운다. 그렇다면 무엇을 어떻게 써야 공감대를 형성할 수 있을 것인가? 기술적인 문제가 생긴다. 무엇으로 보다 적극적인 응원을 받을 것인가? 기억의 공통점을 찾아내는 일이다. 시인과 독자가 서로 은밀히 내통할 수 있는 통로를 찾는 일이다.

시집을 내는 목적이 독자를 만나기 위해서라면 이 통로를 넓혀야 한다. 시를 쓰는 사람들의 고민은 여기에 있다. 어떻게 해서라도 소통을 하고 싶은데 방법이 없다. 그래서 찾아내는 게 공통분모다. 누구나 가지고 있는 유년의 체험을 통하여 유대관계를 갖자는 것이다.

그런데 이 유년의 체험이 60~70년대까지는 그래도 농어촌에서 태어나 자란 풍광들이 기억에 있지만 아파트 세대들에겐 그런 기억조차 없다. 당연히 이 세대가 쓴 시는 이후 세대 독자를 잡지 못하는 현실이다. 이후 세대는 이후 세대대로 이전 세대는 이전 세대대로 세대차를 극복하지 못한다. 따라서 세대 간 계층 간의 공감대 형성이 안 되고 있다.

이 세대 간 혹은 계층 간 공백현상을 극복하지 못하고 있는 대도, 피드백이 이루어지지 않는 대도, 여전히 소통이 안 되는 시들을 쓴다. 일단 자기정리라 생각하는 경우도 있고 독자와의 상응을 바라지 않는 경우도 있다. 혹간은 이를 개성이라 생각하는 시인들도 있다.

어쨌거나 시집들은 쏟아져 나온다.

자기표현의 시대라서일까?

첫 시집을 보면 대개가 고향으로 돌아가 있음을 본다.

의식했건 안 했건 기억의 샘물을 찾아 올라가다 보면 유년의 샘에 닿기 때문이다. 그 샘물 속에는 어머니가 있고 가족들이 있고 동무들과 더불어 고향의 풍광을 만나기 마련이다. 초기시의 한 단계다. 1차적인 시다. 이 기억의 샘물을 다 길어 올린 뒤 두 번째 세 번째 시집으로 가면 2차적인 대사회적 시가 나온다. 따라서 첫 시집은 대개가 그 시인의 육성과 같은 직접체험의 세계로 들어가게 된다.

김영애의 첫 시집 《항가새》 역시 이런 일반론에 크게 벗어나지 않는다. 유년의 기억과 어머니에 관한 이야기들이 주류를 이룬다. 이제 시인의 마을을 한번 찾아가 보자.

깐치밭골은
내 나고 자란 마을

뒤로는 소나무 대나무
앞에는 통통배 소리
하늘 땅 바다 통행증 없이 다니는
성장한 공손한 멋쟁이,
까치가 사는 마을

여름이면
바다로 달려가 미역 감다가
꿀찜해 질라치면
발막 옆 거적때기에 말리는 멸치들
사람보다 먼저 눈에 들어온다.

배고플 때 멸치는 사람보다 크다

주인이 나타나면
약속처럼 흩어져 빨갛게 달리던 아이들

어느 날 발견한 대단한 비밀
그리도 중히 여기던 은멸치
여기저기 던져져 있던
그것이 까치밥이었다니

오늘 아침
어머니 보낸 멸치를 먹는다.

—〈깐치밭골〉 전문

시인이 태어나 자란 곳은 '성장을 하고 멋을 부리는 까치' 가 사는 곳이다. 은멸치를 말리는 발막(건조장)이 있고 '미역을 감고 배가 고파진 아이들' 은 멸치를 집어먹는다.

멸치는 곧 돈이다. 돈을 훔쳐 먹었으니 이를 어쩌나?

들키면 큰일 난다. 후다닥 도망가는 아이들의 뛰는 모습이 눈에 선하다.

그런데 나중에 안 일이긴 하지만 그렇게 소중한 은멸치를 여기저기 던져 까치밥으로 주었던 동네 어른들이었다. 시인은 갑자기 그러한 인심이 생각난다. 이제 비로소 깨달은 고향에 대한 새로운 발견이다.

그러나 가장 중요한 건 왜 이런 기억을 갑자기 떠올렸는가 하는 점이다. '어머니 보낸 멸치를 먹' 다보니 떠올랐다. 어머니는 아직도 거기 깐치밭골에 살고 있고 멸치로 인한 연결고리는 고래심줄보다 단단하다. 이 기억은 잊고 지내던 유년의 기억과 함께 어머니에 대한 그리움으로 귀결된다.

결국 시는 기억의 소산이라는 말을 입증하는 작품이고 유년의 기억이 가장 먼저 써진다는 말의 방증이기도 하다.

유년의 기억은 아름답다. 이 반짝이는 목걸이 같은 시를 누가 아름답지 않다 할 것인가?

시는 아름다움을 창조하는 일이다.

비바람이 꽃을 피우는 것처럼 시인의 지난한 세월과 경험의 축적이 시의 꽃을 피워내는 것이다. 그렇다면 시인의 내면도 한 번 들여다볼 필요가 있을 것이다.

내 애끼 손가락은 굽었다
쭉 펴지지가 않고 가운데가 굽었다

숨고 싶었고 숨기고 싶었던
율동시간, 앞으로 나란히

날마다 운동을 하면 될까
열심히 공부하면 될까
착한 일하면 좋아질까

손가락이 아프도록 한 운동도
장학생이 되어도

손가락은 끄덕도 않고

그렇게 굴절된 시간이 흐르고
이제 그곳에 열쇠가 걸려 있다

—〈새끼손가락〉 전문

손가락이 굽었다. 이처럼 큰일이 없다. 아무리 펴보려 해도 쭉 펴지지 않는 손가락은 어린 나이의 시인을 숨고 싶게 만들었다. 율동시간이나 체육시간은 차라리 없었으면 좋은 시간으로 다가왔다.

그러나 이 콤플렉스는 아이를 장학생으로 만들었고 오늘날에는 그 손가락에 열쇠를 걸게 했다. 그 열쇠란 어떤 것인가? 세속적인 의미의 아파트 열쇠, 자동차 열쇠, 금고 열쇠도 될 것이지만 오늘날 차지하고 있는 현직 공무원의 자아실현이라든지 시인의 긍지까지를 포함하는 것이리라.

자신의 약점을 딛고 일어선 의지의 표상이다. 이제는 떳떳이 시를 통해서 말할 수 있을 만큼 극복된 상황이다. 새끼손가락 끝 하나 굽은 걸 가지고 불구라고 생각했던 어린 날들의 순진성이 오늘날의 성취감을 가져왔다면 이 과거와 현재는 곧 미래로도 이어질 것이다.

시인의 시는 그저 말에 그치는 것이 아니라 꿈이요 바람이다.

시인은 희망하는 바를 시로 쓴다.

시인의 유년과 고향에 맞닿아 있는 시를 보았다. 그러면 이 고향으로의 돌아감과 현재의 연결고리는 없을 것인가? 과거는 곧 현재이며 미래의 마중물 같은 존재이기 때문이다.

내 어머니
몸무게 사십삼 킬로그램
키는 곱자로 백사십 센티미터
내 나이에 서른일곱을 더한 나이

우리 집에 오셨다
서로 모시려고 공력을 들인 우리 칠 남매
나이 들면 자연 아픈 거라며 병원을 마다하시더니.

나는 단번에 모시고 왔다

단번에 모시고 온 건
시집 덕분이었을 것이다
시집 보여준다 했는데
시집으로 알고 얼른 따라나선 것이다.

밥 안하려면 시 읽어줘요
엄마가 한 줄 하면, 내가 하고
옆에서는 된장국이 끓고….

—〈시집〉 전문

이 스토리를 보면 아들 딸 칠 남매를 둔 노모는 이제 기력이

쇠했다. 이 집 저 집 아들딸들이 서로 모셔가려 해도 고향집을 고수하고 있다. 어느 동네 누구네 집을 막론하고 농어촌에 남아 있는 어른들의 마지막 모습이다. 죽어도 내 집에서 죽겠다는 일념과 자식들에게 누를 끼쳐서는 안 되겠다는 정갈함이 온몸에 밴 부모님들의 모습이다. 시인도 이런 노모를 모시고 사는 자식이다.

이 집 저 집에서 오라 해도 미동도 않던 노모가 선뜻 딸네 집을 따라나선 것은 시집詩集 때문이다. 시집을 시집媤家으로 잘못 안 것인데 딸은 교묘하게 이 말장난으로 노모를 속여먹는다. 그러면서 능청스럽게 된장국을 끓이며 시집을 읽어 달라 청한다. 당신 한 줄 나 한 줄 시를 읽으며 된장국이 끓기를 기다리고 있다. 이 말장난에 속아 넘어간 노모는 차마 화를 낼 수 없어 딸의 시를 읽을 수밖에 없다.

이제 김영애 시의 재미가 슬슬 드러나기 시작한다.

시는 이런 언어의 다중성을 통한 능청과 해학을 부리는 것이 아닐까? 과년한 딸이 시집은 아니 가고 시집 보여준다는 말로 노모를 꼬드겨 자기 집으로 불러들이는 이 영원한 말썽꾸러기가 진짜 시집을 만든다.

시집을 만들 수밖에 없게 되었다.

어머니 눈이 더 어두워 시를 읽지 못하는 때가 오기 전에 시집을 상재해야 할 숙제가 생겼다. 시 속의 이 가상현실을 현실로 만들어야 하겠기 때문이다. 시집을 앞당겨 만들어야할 까닭이 여기 있다고 보인다.

그렇다고 아무 시나 모아 시집을 낼 것인가? 그건 아니다. 앞서 이야기했지만 상통하지 않는 시를 엮을 수는 없다. 그렇다면 그가 지금까지 무슨 시를 어떻게 썼는지 그의 기억들 속에 무엇을 저장해 두었는지, 그 속을 들여다볼 필요가 있겠다.

2.

김영애 시의 매력은 단시에 있다.

단시는 순간적인 폭발물이다.

시는 어떤 대상을 보는 즉시 터져 나온다. 마치 속에서 들끓던 마그마가 순식간에 분출하듯 솟아오른다. 이 분출물은 순간적으로 포착하지 않으면 공중분해되거나 굳어버려 애초의 흔적을 찾을 수 없다. 그러자면 사진사가 늘 셔터에 손가락을 얹고 다니듯 사물을 포착할 준비를 하고 있지 않으면 안 된다. 혹자는 이런 메모습관이 시를 만든다 한다. 아무리 뛰어난 발상을 한다 하더라도 그 순간의 이미지를 그려내지 못하면 억지로 만드는 이야기가 된다.

단시의 어려움이 여기 있는 것이다.

늘 깨어 있기다.

나뭇가지에 숨은
새빨간 발진

—〈그 봄 참 더디 왔다〉 전문

발진은 홍역을 앓을 때 일어나는 열꽃이다. 요즘은 홍역을 앓는 환자가 거의 없다. 예방주사 덕분에 홍역을 앓는다 해도 발진이 일어나고 그 가려움을 못 참아, 긁어 부스럼을 내고, 그 자국으로 곰보가 되는 일은 없다.

봄을 두고, 나뭇가지 끝에 피어나는 꽃잎을 보고 발진을 떠올렸다는 것은 놀라운 발견이다. 이 발견이 곧 바로 시가 되는 것이다. 그것도 그냥 발진이 아니라 새빨간 발진인데 아직도 나뭇가지에 숨었다. 필 둥 말 둥 한 꽃이다. 그러니 더디게 찾아온 꽃이다. 한겨울 모진 추위를 다 견디고 그래도 못 미더워 선뜻 나서지 못하는 꽃이다. 이 꽃이 아름다울 것은 두말할 나위가 없을 것이다.

오랜 기다림 끝에 오는 성취감!

자칫 긁어 부스럼을 낼 발진상태의 포착이다.

이 포착은 뛰는 노루를 잡는 포수처럼 그 겨냥이 날쌔지 않으면 안 된다.

그러면 이 발진상태가 가지고 올 그 다음은 무엇인가? 꽃이요 색깔이며, 향기요 과일이다. 무슨 색깔의 어떤 향기일 것인가. 어떤 모양의 어떤 영양소를 지닌 과일일 것인가? 이 모든 궁금증이 생략되고 압축된 시적 표현이다. 이 엄청난 결과를 독자의 상상에 맡기겠다니? 아무리 시인과 독자가 반반씩 나누어 쓰고 해석하는 것이 시라고 하지만 이건 너무하지 않는가? 너무 많은 것들을 생략하고 그 부분을 독자에게 채우라 강요하고 있지 않은가.

단시를 접하는 많은 사람들이 의혹을 품고 있는 질문들이다.

때문에 다른 작품을 보고 또 보아야 한다. 하여 전체적인 맥을 짚어내야 한다. 여러 작품들을 통해 하나의 알레고리를 찾아내야 그 시인이 말하고자 하는 그 무엇이 무엇인지를 짐작할 수 있다는 이야기다.

열병이다
빨갛게 딱지 앉고야 마는

너를 열병하느라
온 세상이 토끼눈이다

—〈봄은〉 전문

다시 봄에 대한 단시다.

봄은 열병이다. 이 열병熱病은 열병閱兵과 병치 혹은 상치된다. 한글의 애매성이 시의 매력이라는 사람들이 보면 기막힌 다의성과 다중성을 내포한다 할 것이다. 시의 특질을 애매 모호성이라 규정짓는 것은 상상력에 한껏 날개를 달아주자는 의도일 것이다. 시적 상상력이야말로 단시의 생명력일 것이기 때문이다. 시를 곧이곧대로 읽고 해석한다면 시는 존재 이유가 없다. 같은 말을 두고도 백 가지 천 가지로 해석해야 시에 빠져들 수 있다.

여기서의 열병은 무엇인가? 열은 아플 때 생겨나고 아프면 나을 일밖에 없다. 병과 회복, 혹은 시련과 승리, 고통이 없는 인생은 인생이 아니다, 라는 상투적이기도 철학적인 사고…. 열병과 고통 뒤에 오는 새로운 희망이 있기 때문이다. 이 갈망이 봄이라는 한 단어로 압축된다. 모진 겨울을 이기고 새싹을 틔우고 만물을 소생시키는 봄기운! 그걸 열병이라고 보는 시인의 눈은 예지력이 없어선 안 된다.

이 예지로 감지해 낸 봄기운은 거기 안주하지 못하고 금방 변해 규칙적이고 전투적인 군대식 열병으로 옮겨간다. 대장은 높은 차에 올라 순시를 하고 부하들은 정렬해 그를 향해 거수경례를 올려붙이고 있다. 이 열병식처럼 질서정연하게 물밀어오는 것이 봄기운이다. 그러면 온 세상이 긴장을 해 토끼눈을 뜨지 않을 수 없다. 토끼는 잠을 자면서도 눈을 감지 않는다. 봄은 이러한 긴장상태로 온다.

열병이라는 한글 단어 하나로 전혀 다른 뜻밖의 상황을 연출한다. 이 다의성과 다층적 구조를 통해 새로운 시적 마술을 창출해내는 것, 이게 시인의 할 일이 아닐까?

그렇다면 도대체 이 열꽃은 무엇인가?

감기
하룻밤 사이 너무 심하더니
다음 날에는 폐렴으로 가려는 놈을
붙잡아 두었다
더는 가서는 안 된다고

… (중략) …

시원한 콧물이 나와

손으로 슬쩍 훔쳤더니

아, 열꽃!

—〈시는〉 부분

이제야 열꽃의 정체를 찾아냈다.

시인을 못살게 군 통증은 바로 이 시다.

시를 쓰기 위해 열병을 앓고 밤새 잠을 설치고 그 고생을 했다. 그런데 다음 날, 아니면 그 다음, 또 그 다음 날이었는지 모른다. 아니면 수십 년 혹은 그 이상의 시간이었는지도 모른다. 어쨌건 먼 후일 우연하게 코가 뚫리는 것 같아 슬쩍 훔쳐보니 거기 열꽃이 피었더라는 것이다. 이 열꽃이 다름 아닌 시였더란 것이다.

시는 이렇듯 우연스럽게 찾아온다.

그렇다고 정말 우연스럽게 찾아오는 손님일 것인가? 아니다. 지독한 몸살 끝에 뻥 뚫린 콧물이다. 그간의 신열은 시인이 아니면 모른다. 이 진통은 아무리 말을 해도 다른 사람은 못 느낀다. 다만 언어로 전달될 뿐이기 때문이다. 가까이 있으면 손짓발짓, 표정, 목소리의 높낮이로 알려줄 수도 있겠지만 시는 오로지 언어로만 전달될 수 있음으로 그게 쉽지 않다. 시간과 공간의 제약을 받기에 이를 극복해야 한다. 그림은 공간을 분할해 보여주면 되지만 시는 공간에다가 시간도 분할해 보여줘야 한다. 이게 시 쓰기의 어려움이고 시인과 독자와의 피드백이 이루어지지 않는 원인이다. 시인보다 독자가 그릇이 더 크다면 별 문제없다. 모든 상황을 상상할 수 있기 때문이다. 그렇지만 독자가 시인보다 그

릇이 작거나 모자란다면 시를 온전히 이해하기는 어렵다.

시는 언어창출이다.

같은 식재료를 가지고 서로 다른 맛을 내는 음식을 만드는 것처럼 같은 언어를 가지고 전혀 새로운 읽을거리를 만들어내는 작업이 단시에서 이루어진다면 보다 극명한 효과를 가져올 수 있을 것이다. 왜냐면 가장 압축된 형식미를 가지면서도 가장 심오한 뜻을 함의할 수 있기 때문이다. 그 기술이야말로 시인이 열망하는 시 쓰기의 재주다. 그래서 재능문제가 나온다. 시도 일종의 재능이다.

꽃멀미 하것다.

연두저고리 치마 속
세상을 치마폭에 싸

바다로 버린 초조.

—〈동백꽃〉 전문

동백에 관한 시는 수없이 많다.

동백을 보고 시를 쓰지 않은 시인은 없을 것이다. 그런데 동백꽃을 초조初潮로 본 시인은 드물다. 설사 있다 하더라도 이 초조를 '바다에 버린' 발상은 본 적이 없다. 그것도 '연두저고리 치마 속' 에서 나오는 초조의 '세상을 치마폭에 싸' 버리는 이미지의 참신성은 그저 놀라울 뿐이다. 고전적인 의상에 현대적인 시간을 덧입힌 이 발상의 전환이 시를 유쾌하게 만든다.

그렇다면 무엇이 고전적인 의상에 현대적인 시간일 것인가? 고전적인 의상은 알겠는데 시간에 대해선 불분명할 것이다. 초조라는 말이 그렇다. 저 연두저고리 치마라면, 그 시대에는 초조라는 말 대신에 월경이나 달거리라는 어휘를 썼을 것이다. 초조는 보다 후대에 나온 말일 것임으로 멘스에 가까운 뉘앙스를 갖게 한다.

이 거리감, 시간과 공간은 너무나 은밀하여 그 오차를 잴 수 없을 만큼 근소하고 분간이 잘 안 갈 것이다. 그렇지만 이 시간과 공간의 분할까지를 해가며 시를 분석해 읽을 때 시 읽기의 참 재미가 생긴다. 이게 앞서 말한 시공의 분할이다. 시인은 모름지기 이 계산까지를 대가며 시를 쓴다.

정형시에서 운을 넣는 것과 마찬가지다. 눈에는 띄지 않지만 읽으면서 느끼는 운율을 독자는 즐기는 것이다. 이게 시적 음악성이든, 이게 시의 특성이든, 시공의 분할이야말로 시인과 독자의 피드백 형성에 지대한 공헌을 하게 되는 것이다.

이에 앞서 동백에 대한 시가 또 한 편 있다. '시퍼런 눈물로 뚝뚝/ 꽃잎 지우' 는 동백이다. 이 동백은 '잎 진 자리' 에 '봉우리 얹어놓고// 다시 봉그는 날' 을 기다리는 시다. 이 두 편의 동백 시를 아울러 보면 동백의 이미지는 눈물이고 꿈이다. 눈물과 꿈은 한창 봉그는 시절의 전유물이다. 그러니 동백은 청춘의 표상이다. 청춘은 실수와 좌절과 꿈의 연속이다. 그렇게 피고 지는 동백을 통해 인생의 아름다움을 느끼지 않는 사람은 없을 것이다.

시는 이러한 남다른 발상이다.

아마도 이 여인은 여인으로서의 성장통을 바닷가에서 겪었던 모양이다. 세상을 치마폭에 싸안은 것을 보면 이 여인은 평탄한 세월을 보낸 것은 아니다. 비록 연두저고리를 입었지만 치마폭에 싸안은 세상은 그리 녹록지 않다. 아마 끼니를 굶었을지도 모른다. 굶고 동백 언덕에 올라 바라보는 바다는 온통 짙푸르고 현기증이 날 지경이다. 그러니 먼 바다 나간 남정네를 기다리며 어질어질한 뱃멀미 대신 꽃멀미를 한다. '꽃멀미' 가 무엇일 것인가. 초조에 대한 두려움, 불안감 혹은 초조에 대한 기대와 희망일 것이다. 이제는 성인이 되었다는, 영광스런 자기만족일 수도 있기 때문이다. 이제는 남정네를 맞아들일 수 있다는 벅찬 감격이 꽃멀미라는 조어를 탄생시킨다.

시는 이러한 언어창조이기도 하다.

시는 또한 스토리창조이기도 한 것을…. 시를 읽으며 이런 소설을 쓰다보면 시인이 뜻하지 않았던 의외의 발상이 독자의 머리를 감싸고 돈다. 이게 시의 매력이다. 따라서 시인은 모티브만 제공해주고 독자가 시를 재창조하는 것이다.

이게 시 읽기의 즐거움이다.

그러자면 이미 스토리를 잘 짜 넣은 스토리텔링보다는 단시가 여백의 폭이 넓다. 독자는 이 여백의 행간 속을 헤엄치고 다니는 즐거움을 맛본다. 독자는 자신의 상상력과 예지력을 믿어야 한다. 시인과의 밀착을 염두에 둘 필요가 없다. 느낌은 독자의 몫이기 때문이다. 때문에 시적 언어는 과학적 언어와 다르고 정확한 값의 답이 없다. 이게 시적 애매모호성이다. 여기에 익살이 포함되면 더 좋은 시가 될 것이다.

> 다오리가든이라고 오리고기만 파는 식당이라고 생각하지 마
>
> —〈다오리가든〉 전문

한 줄짜리 이 시는 풍자로 가득 차 있다. 식당 이름이 다오리가든이다. 그것도 띄어쓰기를 전혀 무시한 '다오리가든'이다. 이를 어찌 풀어야 할 것인가. '다 오리'라고 먼저 풀어본다. 전부 다 올 것이다. 전부 다 오리라. 전부 다, 모두들 오시오…. 여기다가 가든이라는 생뚱맞은 외래어를 섞어 그야말로 퓨전을 만들었다. 여러 가지 해석이 가능하다. 그런데 '오리고기만 파는 식당이라고' 생각하지 말란 걸 보면 식당 메뉴가 전부 오리고기라는 뜻으로 쓰지 않은 것을 알 수 있다. 굳이 해석을 하자면 이 식당은 오리고기만 파는 곳이 아니라 다른 메뉴도 있다는 이야기다. 또 한 가지 더 덧붙여보자면 '다오리'라는 지명을 연상할 수 있다. 다오리에 위치한 가든이라는 뜻이겠다. 그러면 오리고기와는 전혀 무관해진다. 이 식당 메뉴에 오리고기가 없을 수도 있다는 해석도 가능하다.

음식점 간판 하나를 두고 여러 가지 생각을 하게 만든다. 어찌 보면 하찮은 말장난이다. 시를 언어유희로 보는 입장에서 본다면 환영받을 시다. 시에 교훈이나 역사 혹은 철학이 없어선 안 된다는 입장에서 본다면 시도 아니다.

이 장난스런 시를 왜 거론하는가.

시적 매력은 언어유희라는 걸 말하기 위해서다.

시는 언어예술이고 언어유희다. 얼핏 잘못 생각하기 쉬운 시적사상 혹은 시적 철학 또는 시를 통한 내용전달의 오류에서 벗어나려 함이다. 김춘수 시인은 '무의미의시' 를 생각할 만큼 언어 그 자체로서의 시적 결합을 꿈꾸기도 하였다. 그렇다고 김영애의 시가 다 그렇다는 이야기는 아니다. 또 그런 경지의 시를 꿈꾸었다는 이야기도 아니다. 이러한 실험은 의도적이어야 하기 때문이다.

그런데 이런 이론에서 일부러 의도하지도 않는데 이런 시가 나왔다면 소 뒷걸음치다 쥐 잡았다 할까 아니면 타고난 시적 재능이라 해야 할까?

이제 표제작 항가새를 보자.

언 땅 녹여가며
빨긋빨긋 고개 내민
암노루 뿔

호수 만지며 퍼지는 햇살
흔들어 깨우는 바람
더는 못 참아

경칩도
삼월도
질러

산길은 너무 멀어

언덕에 피어버린

항가새꽃

—〈항가새〉 전문

항가새가 뭐냐 물었더니 엉겅퀴라 했다. 사전에도 나오는 단어라 한다. 사전에도 등재된 단어인데 왜 몰랐을까? 같은 말인데도 시인만이 찾아내는 시어가 있다. 그게 시를 만드는 재료가 된다. 기본적인 이야기다.

김영애는 이런 시어 찾기에 골몰한다.

이 시에도 신선한 시어와 시어의 조합이 눈을 사로잡는다. 항가새는 풀이지만 새가 되어 날아가고 있다. 봄소식을 전하기 위해서다. 그런데 산길이 너무 멀어 언덕에 잠시 쉬고 간다는 게 그만 꿈을 꾸고 말았다. 잠시잠깐 졸았나? 산을 넘기도 전에 언덕에 주저앉아 저 홀로 꽃을 피워버렸다. 봄기운을 이기지 못하고 조로를 하여버린 것이다. 하여 가시 돋은 꽃잎으로 자기방어를 할 수밖에 없다. 햇순을 찾아 내려오는 노루밥이 되지 않기 위해서다.

하기사! 호수를 어루만지듯 햇살이 온몸을 더듬어 안개를 피워 올리고 바람조차 흔들어대면 참을 재간이 없을 것이다. 경칩도 삼월도 기다릴 필요 없이 꽃을 피울 수밖에? 나는 엉뚱하게도 이 시를 읽으며 앞에 소개한 동백꽃의 초조의 처녀를 오버랩시켜 보았다. 산 너머 외갓집을 가다 봄기운에 잦아든 한 산골처녀의 가시 돋친 저항과 사랑을 함께 그려본 것인데, 왜일까? 항간에 이 항가새가 비아그라라는 이야길 들었기 때문일 것이다.

시는 이렇듯 복합적인 의식세계를 따라 움직인다. 일종의 연상 작용이고 이 연상은 개개인의 체험과 그 앙금인 상상에 결부된다.

이런 이야기가 시를 쓰는 데 혹은 시를 감상하는 데 무슨 도움이 될 것인가? 그럼에도 시집마다 해설을 곁들이는 것은 나름대로 그 시인과 시에 대한 이해를 돕기 위함이다. 사족 같은 해설이 없는 시집도 얼마든지 있다. 자칫 해설자의 오류와 편견이 오히려 시 감상의 저해요소도 될 수 있기 때문이다. 그렇지만 오랜동안 김 시인의 시를 지도해 온 멘토로서, 김 시인이 가진 복합적 의식구조의 한 단면을 보여주는 일은 시집 전체를 감상하는 키포인트가 될 수 있기를 바람에서다.

김영애 필명 돌담. 경남 남해에서 나고 자랐으며 부산과 남해, 사천을 거쳐 네 번째 유목지인 합천군에서 공무원으로(합천박물관) 재직 중이다. 2008년 《문학예술》 신인상 수상으로 등단했으며 시집으로 《항가새》가 있다. 현재 한국문인협회 · 합천문인협회 회원, 풀과나무 동인, 합천예총 감사로 활동하고 있다.

항가새

김영애 시집

펴낸날 | 2013년 8월 30일

지은이 | 김 영 애
펴낸이 | 오 하 룡
펴낸곳 | 도서출판 경남

주 소 | 창원시 마산합포구 몽고정길 2-1
연락처 | (055)245-8818~8819
홈페이지 | www.gnbook.com
블로그 | gnbook.tistory.com
이메일 | gnbook@empas.com
등 록 | 제567-1호(1985. 5. 6.)
편집팀 | 오태민 | 심경애 | 구도희

ISBN 978-89-7675-854-5-03810

〔값 8,000원〕